DÉCLARATION
DU ROI LOUIS XVIII.

Donnée à St.-Ouen le 2 mai 1814.

SUR

LA NOUVELLE CONSTITUTION FRANÇAISE;

AVEC

Des rapprochemens des deux Déclarations de Louis XVI, en date du 23 Juin 1789 et du 20 Juin 1791, dans lesquelles on trouve des règles et maximes fondamentales de la Prérogative Royale, et du Droit public de France.

Par L. RONDONNEAU,

Ancien Secrétaire de la Commission du Conseil d'État du Roi, chargée, par l'arrêt du Conseil du 4 janvier 1789, de régler tout ce qui avoit rapport à la convocation des Etats-généraux.

A PARIS,

Chez Rondonneau et Decle, Propriétaires du dépôt des Lois, place du Palais de justice.

MAI 1814.

DE L'IMPRIMERIE DE DOUBLET.

AVIS DE L'ÉDITEUR.

Il appartenoit sans doute au propriétaire du Dépôt des lois, au conservateur fidèle du seul grand monument qui existe aujourd'hui, pour le Public, de la législation de nos Rois, depuis St. Louis jusqu'à Louis XVI, de consacrer quelques veilles à réunir les dispositions paternelles, et les maximes fondamentales de la prérogative royale et du droit public de France, contenues dans les célèbres Déclarations du 23 juin 1789, et du 20 juin 1791; et à les mettre en harmonie avec celles du premier acte émané de la puissance de Louis XVIII, rappelé par la Providence au trône de ses augustes ancêtres, pour cicatriser les plaies de la France, et pour fonder, sur les bases d'une constitution libérale, la prospérité du peuple français, dans son administration intérieure, et dans ses rapports avec les Puissances alliées dont la noble, généreuse

et magnanime intervention offre aujour-
d'hui la garantie de la stabilité de notre
nouveau Gouvernement.

Heureux de pouvoir donner une preuve
de mon dévouement pour la Maison de
Bourbon, sous laquelle je compte douze
années de services publics (1), et de mon

État de mes Services publics.

Depuis 1780 jusqu'en 1788, j'ai été employé dans les bureaux de M. de Bréquigny à la confection des inventaires des titres domaniaux et pièces historiques, copiés à la tour de Londres, par ordre du Roi.

En 1788 j'ai été nommé chef du bureau des Notables et des États généraux établi au contrôle général des finances, sous la direction de M. Coster.

En 1789 M. de Barentin, Garde des Sceaux, m'a nommé Secrétaire de la Commission du Conseil d'État du Roi, établie par l'arrêt du Conseil du 4 janvier, pour régler tout ce qui avoit rapport à la convocation des États généraux.

En 1790 j'ai été établi garde des archives particulières, formées de la correspondance des Ministres, à l'occasion de la tenue des Assemblées des Notables de 1787 et de 1788, ainsi que des Assemblées des Bailliages et des Sénéchaussées convoquées pour la nomination des Députés aux États généraux.

En 1791 et 1792 j'ai rempli, au Ministère de la Justice, les fonctions de chef du bureau des Décrets, de garde des archi-

zèle pour étendre les connoissances en législation, dans le premier usage que je fais du riche fonds de législation et d'histoire que j'ai sauvé, comme par miracle, des fureurs du vandalisme, j'annonce à tous les amis de l'ordre, des lois et des Bourbons, que le Dépôt des lois, formé en 1793, par M. Anisson Duperron, directeur de l'Imprimerie royale, et par moi, de la réunion des dépôts d'édits et d'arrêts appartenant à la maison Prault, et à MM. Simon et Nyon, imprimeurs du Parlement, va devenir, conformément à son ancienne institution, le centre des recherches et des études en législation, administration, droit public et histoire de France.

Un journal, que je me propose de faire paroître au 1.er juillet prochain, aura pour objet de concourir avec le Gouvernement, aux moyens de propager la connois-

---

ves du Sceau et de Secrétaire du Conseil établi près le Ministre de la Justice.

Depuis 1809 je suis adjoint à la Bibliothèque du Conseil d'État, et sous-chef des Archives du Conseil.

sance des lois, des actes publics émanés de la Puissance royale et des départemens ministériels; il présentera, sur chacun de ces actes, des rapprochemens de l'ancienne législation, et en même temps des vues d'amélioration sur toutes les parties de l'administration religieuse, civile, fiscale, commerciale et militaire, puisées dans les ordonnances, les édits, les déclarations, les lettres-patentes et les arrêts du Conseil, avant 1789. Il embrassera également l'administration de la justice, et rendra compte des arrêts des Cours et des jugemens des Tribunaux. Enfin il offrira un tableau historique de tous les événemens politiques.

Plusieurs ouvrages nouveaux s'achevent, et seront mis sous presse incessamment, pour imprimer au Dépôt des lois ce caractère d'utilité publique et d'intérêt général qui l'a toujours distingué.

1°. REPERTOIRE GENERAL de la Législation française en vigueur, depuis Saint-Louis jusqu'à 1789, contenant, par ordre alphabétique et chronologique, et par classement de matières, les Ordonnances, Édits, Déclarations, Arrêts du Conseil d'État, Lettres-patentes et Règlemens sur toutes les parties de la Législation et de l'administration en matières ecclésiastiques, civiles, judiciaires, fiscales, commerciales, diplomatiques et militaires. — Deux volumes in-8°.

Nota. J'ai déjà publié en deux volumes in-8°. le répertoire général de la Législation française, depuis 1789 jusqu'au 1er. Janvier 1812.

2°. NOTICE HISTORIQUE de la Noblesse ancienne et nouvelle.— Brochure sous presse.

3° NOBILIAIRE FRANÇAIS, contenant les noms, titres et dignités des Membres de l'ancienne et de la nouvelle Noblesse, qui occupoient des places, charges ou emplois dans le Clergé, le Ministère, les Conseils, les Maisons des Princes, la Magistrature civile et judiciaire, et les armées de terre et de mer, en 1789, et au mois de mars 1814.— Un volume in-8°.

4°. L'ART DE VÉRIFIER LES DATES DE LA RÉVOLUTION FRANÇAISE, ou Répertoire historique, contenant, par ordre chronologique, le précis des événemens politiques, des faits militaires, et des actes publics législatifs, administratifs et diplomatiques que présente l'histoire de France, depuis la première assemblée des Notables en 1787, jusqu'au 3 Mai 1814, époque de l'entrée de Louis XVIII à Paris.— Deux volumes in-8°.

5°. RÉPERTOIRE SPÉCIAL de la Législation française ancienne et nouvelle, contenant la notice des édits, déclarations, lettres, patentes, arrêts du Conseil, lois et décrets relatifs à l'exécution des bases fondamentales de la nouvelle constitution, garanties par la déclaration de Sa Majesté Louis XVIII.

DÉCLARATION
DU ROI LOUIS XVIII.

Donnée à St. Ouen le 2 mai 1814.

LOUIS, PAR LA GRACE DE DIEU, ROI DE FRANCE ET DE NAVARRE, à tous ceux qui ces présentes Lettres verront, Salut.

Rappelé par l'amour de notre Peuple au Trône de nos Pères, éclairé par les malheurs de la Nation que nous sommes destinés à gouverner, notre première pensée est d'invoquer cette confiance mutuelle si nécessaire à notre repos et à notre bonheur.

Après avoir lu attentivement le plan de

constitution proposé par le Sénat dans sa séance du 6 avril dernier, nous avons rèconnu que les bases en étoient bonnes, mais qu'un grand nombre d'articles portant l'empreinte de la précipitation avec laquelle ils ont été rédigés, ils ne peuvent, dans leur forme actuelle, devenir loi fondamentale de l'État.

Résolu d'adopter une constitution libérale, voulant qu'elle soit sagement combinée, et ne pouvant en accepter une qu'il est indispensable de rectifier,

Nous convoquons, pour le 10 juin de la présente année (1), le Sénat et le Corps-législatif, nous engageant à mettre sous leurs yeux le travail que nous aurons fait avec une commission choisie dans le sein de ces deux Corps, et à donner pour base à cette constitution les garanties suivantes :

I. GOUVERNEMENT REPRÉSENTATIF.

Le Gouvernement représentatif sera maintenu tel qu'il existe aujourd'hui divisé en deux corps, savoir :

____

(1) Une Décl.^{on} du 6 mai fixe la convocation au 31 mai.

Le Sénat, et la Chambre composée des Députés des départemens.

II. Impositions.

L'Impôt sera librement consenti.

Déclaration du 23 juin 1789.

Aucun nouvel impôt ne sera établi, aucun ancien ne sera prorogé au-delà du terme fixé par les lois, sans le consentement des Représentans de la Nation. (Art. 1er.).

Les impositions nouvelles qui seront établies, ou les anciennes qui seront prorogées, ne le seront que pour l'intervalle qui devra s'écouler jusqu'à l'époque de la tenue suivante des États-Généraux. (Art. 2).

Les emprunts pouvant devenir l'occasion nécessaire d'un accroissement d'impôt, aucun n'aura lieu sans le consentement des États-Généraux, sous la condition toutefois, qu'en cas de guerre ou d'autre danger national, le Souverain aura la faculté d'emprunter sans délai jusqu'à la concurrence d'une somme de cent millions; car l'intention formelle du Roi est de ne jamais mettre le salut de son Empire dans la dépendance de personne. (Art. 3).

Lorsque les dispositions formelles annoncées par le Clergé et la Noblesse, de renoncer à leurs privilèges pécuniaires, auront été réalisées par leurs délibérations, l'intention du Roi est de les sanctionner, et qu'il n'existe plus, dans le payement des contributions pécuniaires, aucune espèce de privilèges ou de distinctions. (Art. 9).

Le Roi veut que, pour consacrer une disposition si importante, le nom de tailles soit aboli dans son Royaume, et qu'on réunisse cet impôt, soit au vingtième, soit à toute autre imposition territoriale, ou qu'il soit enfin remplacé de quelque manière, mais toujours d'après des proportions justes, égales et sans distinction d'état , de rang et de naissance. (Art. 10).

Le Roi veut que le droit de franc-fief soit aboli du moment où les revenus et les dépenses fixes de l'Etat auront été mis dans une exacte balance. (Art. 11).

Les deux premiers Ordres de l'Etat continueront à jouir de l'exemption des charges personnelles; mais le Roi approuvera que les Etats-Généraux s'occupent des moyens de convertir ces sortes de charges en contributions pécuniaires , et qu'alors tous les Ordres de l'Etat y soient assujétis également (Art. 13).

Le Roi veut que toutes les dispositions d'ordre public et de bienfaisance envers ses peuples, relatives à l'égalité des contributions que Sa Majesté aura sanctionnées par son autorité pendant la présente tenue des Etats-Généraux , ne puissent jamais être changées sans le consentement des trois ordres

(13)

pris séparément. Sa Majesté les place à l'avance au rang des propriétés nationales, qu'elle veut mettre, comme toutes les autres propriétés, sous la garde la plus assurée. (Art. 34).

Le Roi avoit déclaré, bien avant la convocation des États-Généraux, qu'il reconnoissoit, dans les Assemblées de la Nation, le droit d'accorder les subsides, et qu'il ne vouloit plus imposer les peuples sans leur consentement. (*Déclaration du 20 juin 1791*).

III. Liberté publique et individuelle

La Liberté publique et individuelle est assurée.

Déclaration du 23 juin 1789.

Le Roi, désirant assurer la liberté personnelle de tous les citoyens d'une manière solide et durable, invite les États-Généraux à chercher, et à lui proposer les moyens les plus convenables de concilier l'abolition des ordres connus sous le nom de *lettres de cachet*, avec le maintien de la sûreté publique, et avec les précautions nécessaires, soit pour ménager dans certains cas l'honneur des familles, soit pour réprimer avec célérité les commencemens de sédition, soit pour garantir l'État des effets d'une intelligence criminelle avec les puissances étrangères. (Art. 15).

Le Roi veut que toutes les dispositions d'ordre public et de bienfaisance envers ses peuples, relatives à la liberté personnelle, que Sa Majesté aura sanctionnées pendant la présente tenue des États-Généraux, ne puissent jamais être changées sans le consentement des trois ordres pris séparément. Sa Majesté les place à l'avance au rang des propriétés nationales qu'elle veut mettre, comme toutes les autres propriétés, sous la garde la plus assurée. (Art. 34).

IV. Liberté de la Presse.

La Liberté de la Presse est respectée, sauf les précautions nécessaires à la tranquillité publique.

Déclaration du 23 juin 1789.

Les États-Généraux examineront et feront connoître à Sa Majesté le moyen le plus convenable de concilier la liberté de la presse avec le respect dû à la religion, aux mœurs et à l'honneur des citoyens. (Art. 16.)

V. Liberté des Cultes.

La Liberté des Cultes est garantie.

VI. Propriétés.

Les Propriétés seront inviolables et sacrées.

Déclaration du 23 juin 1789.

Toutes les propriétés, sans exception, seront constamment respectées, et Sa Majesté comprend expressément sous le nom de propriétés, les *dîmes, cens, rentes, droits* et *devoirs féodaux* et *seigneuriaux,* et généralement tous les droits et prérogatives utiles ou honorifiques attachés aux terres et aux fiefs, ou appartenant aux personnes (art. 12).

Sa Majesté veut que l'usage de la corvée pour la confection et l'entretien des chemins, soit entièrement et pour toujours aboli dans son royaume (art. 30).

Le Roi désire que l'abolition du droit de main-morte, dont Sa Majesté a donné l'exemple dans ses domaines, soit étendue à toute la France, et qu'il lui soit proposé les moyens de pourvoir à l'indemnité qui pourroit être due aux Seigneurs en possession de ce droit (art. 31).

Sa Majesté fera connoître incessamment aux États-généraux les règlemens dont elle s'occupe pour restreindre les capitaineries, et donner encore dans cette partie qui tient de plus près à ses jouissances personnelles, un nouveau témoignage de son amour pour ses peuples (art. 32).

VII. Biens nationaux.

La vente des Biens nationaux restera irrévocable.

VIII. Responsabilité des Ministres.

Les Ministres responsables, pourront être poursuivis par une des chambres législatives, et jugés par l'autre.

Déclaration du 20 juin 1791.

Tout gouvernement ne peut pas marcher ni subsister sans une confiance réciproque entre les administrateurs et les administrés. Les derniers règlemens proposés à l'Assemblée nationale sur les peines à infliger aux Ministres ou Agens du pouvoir exécutif, qui seroient prévaricateurs, ou seroient jugés avoir dépasssé les limites de leur puissance, doivent faire naître toutes sortes d'inquiétudes; ces dispositions pénales s'étendent même jusqu'aux subalternes, ce qui détruit toute subordination; les inférieurs ne devant jamais juger les ordres des supérieurs qui sont responsables de ce qu'ils commandent. Ces règlemens, par la multiplicité des précautions ou des genres de délits qui y sont indiqués, ne tendent qu'à inspirer de la méfiance, au lieu de la confiance qui seroit si nécessaire.

IX. Organisation judiciaire.

Les Juges seront inamovibles; le pouvoir judiciaire sera indépendant.

X. Dette publique.

La Dette publique sera garantie.

Déclaration du 23 juin 1789.

Les Représentans d'une Nation fidelle aux lois de l'honneur et de la probité, ne donneront aucune atteinte à la foi publique, et le Roi attend d'eux que la confiance des créanciers de l'État soit assurée et consolidée de la manière la plus authentique. (Art. 8.)

XI. Pensions, grades et honneurs militaires.

Les pensions, grades et honneurs militaires seront conservés.

Déclaration du 20 juin 1791.

Une remarque qui coûte au Roi, est l'attention qu'on a eue de séparer, daus les arrangemens sur la finance et toutes les autres parties, les services rendus au Roi personnellement ou à l'État, comme si ces objets n'étoient pas vraiment inséparables; et que les services rendus à la personne du Roi, ne l'étoient pas aussi à l'État.

XII. Noblesse.

L'ancienne et la nouvelle Noblesse seront conservées.

Déclaration du 23 juin 1789.

L'intention de Sa Majesté est de déterminer, d'après l'avis des États-Généraux, quels seront les emplois et les charges qui conserveront à l'avenir le privilége de donner et de transmettre la noblesse. Sa Majesté néanmoins, selon le droit inhérent à sa couronne, accordera des lettres de noblesse à ceux de ses sujets qui, par des services rendus au Roi et à l'État, se seroient montrés dignes de cette récompense. (Art. 14.)

Tout ce qui rappelle à une Nation l'ancienneté et la continuité des services d'une race honorée, est une distinction que rien ne peut détruire; et comme elle s'unit aux devoirs dé la reconnoissance, ceux qui, dans toutes les classes de la société, aspirent à servir efficacement leur patrie, et ceux qui ont eu déjà le bonheur d'y réussir, ont un intérêt à respecter cette transmission de titres ou de souvenirs, le plus beau de tous les héritages qu'on puisse faire passer à ses enfans (Discours prononcé par Louis XVI le 4 février 1790.)

XIII. Legion d'honneur.

La Légion d'honneur, dont nous déterminerons la décoration, sera maintenue.

XVI. Emplois civils et militaires.

Tout Français sera admissible aux emplois civils et militaires.

Déclaration du 20 juin 1791.

Toutes les portes doivent être ouvertes pour que le mérite se montre et puisse avancer.

XV. Opinions et Votes.

Enfin nul individu ne pourra être inquiété pour ses opinions et ses votes.

DISPOSITIONS

Des Déclarations du 23 juin 1789 et du 20 juin 1791, contenant des règles et maximes fondamentales du droit public de France, applicables à quelques bases de la Constitution.

I. Confection des lois.

Le Roi veut que les lois qu'il aura fait promulguer pendant la tenue et d'après l'avis, ou selon le vœu des États-Généraux, n'éprouvent, pour leur enregistrement et pour leur exécution, aucun retardement, ni aucun obstacle dans toute l'étendue de son royaume. (Art. 29 de la déclaration du 23 juin 1789.)

Les cahiers des Députés aux États-Généraux portoient que *la confection des lois se feroit de concert avec le Roi.*

Au mépris de cette clause, l'Assemblée a mis le Roi tout à fait hors de la constitution, en lui refusant le droit d'accorder ou de refuser sa sanction aux articles qu'elle regarde comme constitutionnels, en se réservant le droit de ranger dans cette classe ceux qu'elle juge à propos, et en restreignant sur ceux réputés purement législatifs, la prérogative royale.à un droit de suspension jusqu'à la troisième Législature : droit purement illusoire, comme tant d'exemples ne le prouvent que trop. (Déclaration du 20 juin 1791.)

Le Roi n'a aucune participation à la confection des lois; il a le simple droit d'empêcher, jusqu'à la troisième Législature, sur les objets qui ne sont pas réputés constitutionnels, et celui de prier l'Assemblée nationale de s'occuper de tels ou tels autres objets, sans avoir le droit d'en faire la proposition formelle. (Déclaration du 20 juin 1791.)

II. *Affaires étrangères.*

La nomination aux places de Ministres dans les Cours étrangères a été réservée au Roi, ainsi que la conduite des négociations; mais la liberté du Roi, pour ces choix, est toute aussi nulle que pour ceux des officiers de l'armée; on en a vu l'exemple à la dernière nomination.

La révision et la confirmation des traités, que

s'est réservée l'Assemblée Nationale, et la nomination d'un comité diplomatique, détruisent absolument la seconde disposition.

Le droit de faire la guerre ne seroit qu'un droit illusoire, parce qu'il faudroit être insensé pour qu'un Roi, qui n'est ni ne veut être un despote, allât, de but en blanc, attaquer un autre Royaume, lorsque le vœu de sa Nation s'y oppose, et qu'elle n'accorde aucun subside pour la soutenir.

Mais le droit de faire la paix est d'un tout autre genre.

Le Roi, qui ne fait qu'un avec toute la Nation, qui ne peut avoir d'autre intérêt que le sien, connoît ses droits, connoît ses besoins et ses ressources, et ne craint pas alors de prendre les engagemens qui lui paroissent propres à assurer son bonheur et sa tranquillité. Mais quand il faudra que les conventions subissent la révision et la confirmation de l'Assemblée Nationale, aucune Puissance ne voudra prendre des engagemens qui peuvent être rompus par d'autres que par ceux avec qui elle contracte, et alors tous les pouvoirs se concentrent dans cette Assemblée. D'ailleurs, quelque franchise qu'on mette dans les négociations, est-il possible d'en confier le secret à une Assemblée dont les délibérations sont nécessairement publiques ? (Déclaration du 20 juin 1791.)

III. *Liste civile.*

On a donné au Roi vingt-cinq millions pour les

dépenses de sa liste civile ; mais la splendeur de la Maison qu'il faut entretenir pour faire honneur à la dignité de la couronne de France, et les charges qu'en a rejetées dessus, même depuis l'époque où ces fonds ont été réglés, doivent en absorber la totalité. Que reste-t-il au Roi ? autre chose que le vain simulacre de la Royauté. (Déclaration du 20 juin 1791).

IV. Domaines de la Couronne.

Le Roi invite les États-généraux à s'occuper de la recherche des moyens propres à tirer le parti le plus avantageux des domaines qui sont dans ses mains, et de lui proposer également leurs vues sur ce qu'il peut y avoir de plus convenable à faire relativement aux domaines engagés. (Art. 24 de la Déclaration du 23 juin 1789).

On a laissé au Roi l'usufruit de quelques-uns des domaines de la couronne, avec plusieurs formes gênantes pour leur jouissance. Ces domaines ne sont qu'une petite partie de ceux que les Rois ont possédés de toute ancienneté, et des patrimoines des ancêtres de Sa Majesté ; on ne craint pas d'avancer que si tous ces objets étoient réunis, ils dépasseroient de beaucoup les sommes allouées pour l'entretien du Roi et de sa famille, et qu'alors il n'en coûteroit rien au peuple pour cette partie. (Déclaration du du 20 juin 1791).

V. *Administration de la justice.*

La justice se rend au nom du Roi ; les provisions des juges sont expédiées par lui; mais ce n'est qu'une affaire de forme, et le Roi a seulement la nomination des commissaires du Roi, places nouvellement créés, qui n'ont qu'une partie des attributions des anciens procureurs-généraux, et sont seulement destinés à faire maintenir l'exécution des formes. Toute la partie publique est dévolue à un autre officier de justice.

Ces commissaires sont à vie, et non révocables, pendant que l'exercice des fonctions de juges ne doit durer que six années. (Déclaration du 21 juin 1791).

Selon le vœu que le Roi a manifesté par sa déclaration du 25 septembre dernier, Sa Majesté examinera avec une sérieuse attention les projets qui lui seront présentés relativement à l'administration de la justice, et aux moyens de perfectionner les lois civiles et criminelles. (Art. 28 de la déclaration du 23 juin 1789).

Extrait de la déclaration du 23 septembre 1788.

Animés constamment par le desir d'opérer le bien de l'État, de rendre l'administration de la justice plus simple, plus facile et moins dispendieuse, rien ne pourra nous détourner de la ferme intention où nous sommes de diminuer les frais des coutestations civiles, de simplifier les formes de la procédure, et de remédier aux inconvéniens insé-parables de l'éloignement où sont plusieurs provinces des tribunaux supérieurs.

VI. Droit de faire grâce.

Le Roi a été privé, par un décret, d'une des plus belles prérogatives attachées par-tout à la Royauté, celle de faire grâce et de commuer les peines.

Quelque parfaites que soient les lois, il est impossible qu'elles prévoient toús les cas ; et ce seront alors les jurés qui auront véritablement le droit de faire grâce, en appliquant, suivant leur volonté, le sens de la loi, quoique les apparences paroissent contraires. Combien d'ailleurs cette disposition ne diminue-t-elle pas la Majesté royale aux yeux des peuples, étant accoutumés depuis si long-temps à recourir au Roi dans leurs besoins et dans leurs peines, et à voir en lui le père commun qui pouvoit soulager leur affliction ! (Déclaration du 20 juin 1791).

VII. Régime administratif.

Il sera établi, dans les diverses provinces ou généralités du Royaume des Etats provinciaux composés de deux dixièmes de membres du Clergé, dont une partie sera nécessairement choisie dans l'ordre épiscopal ; de trois dixièmes de membres de la Noblesse, et de cinq dixièmes de membres du Tiers-États. (Art. 17 de la déclaration du 23 juin 1789).

Les Membres de ces États provinciaux seront librement élus par les ordres respectifs, et une mesure quelconque de propriété sera nécessaire pour être Électeur ou Éligible. (Art. 18 de la Déclaration du 23 juin 1789.)

Les Députés à ces États provinciaux délibéreront en commun sur toutes les affaires, suivant l'usage observé dans les Assemblees provinciales que ces États remplaceront. (Art, 19 de la Déclaration du 23 juin 1789.)

Une Commission intermédiaire, choisie par ces États, administrera les affaires de la province pendant l'intervalle d'une tenue à l'autre; et ces Commissions intermédiaires, devenant seules responsables de leur gestion, auront pour délégués des personnes choisies uniquement par elles, ou par les États provinciaux. (Art. 20 de la Déclaration du 23 juin 1789.)

Les États-généraux proposeront au Roi leurs vues pour toutes les autres parties de l'organisation intérieure des États provinciaux, et pour le choix des formes applicables à l'élection des Membres de cette Assemblée. (Art. 21 de la Déclaration du 23 juin 1789.)

Indépendamment des objets d'administration dont

les Assemblées provinciales sont chargées, le Roi confiera aux États provinciaux l'administration des hôpitaux, des prisons, des dépôts de mendicité, des enfans trouvés, l'inspection des dépenses des villes, la surveillance sur l'entretien des forêts, sur la garde et la vente des bois, et sur d'autres objets qui pourroient être administrés plus utilement par les provinces. (Art. 22 de la Déclaration du 23 juin 1789.)

Les contestations survenues dans les provinces où il existe d'anciens États, et les réclamations élevées contre la constitution de ces Assemblées, devront fixer l'attention des États-généraux; et ils feront connoître à Sa Majesté les dispositions de justice et de sagesse qu'il est convenable d'adopter pour établir un ordre fixe dans l'administration de ces mêmes provinces. (Art. 23 de la Déclaration du 23 juin 1789.)

Le Roi veut que toutes les dispositions d'ordre public et de bienfaisance envers ses peuples, relatives à l'établissement des États provinciaux, que Sa Majesté aura sanctionnées par son autorité pendant la présente tenue des États-généraux, ne puissent jamais être changées sans le consentement des trois ordres pris séparément. Sa Majesté les place à l'avance au rang des propriétés nationales qu'elle veut mettre, comme toutes les autres propriétés, sous la garde la plus assurée. (Art. 34 de la Déclaration du 23 juin 1789.)

L'administration intérieure est toute entière dans les mains des départemens, des districts ou des municipalités, ressorts trop multipliés qui nuisent au mouvement de la machine, et souvent peuvent se croiser. (Déclaration du 20 juin 1791.)

VIII. Finances.

Les États-généraux examineront avec soin la situation des finances, et ils demanderont tous les renseignemens propres à les éclairer parfaitement. (Art. 4 de la Déclaration du 23 juin 1789.)

Le tableau des revenus et des dépenses sera rendu public, chaque année, dans une forme proposée par les États - généraux et approuvée par Sa Majesté. (Art. 5 de la Déclaration du 23 juin 1789.).

Les sommes attribuées à chaque département seront déterminées d'une manière fixe et invariable, et le Roi soumet à cette règle générale les fonds mêmes qui sont destinés à l'entretien de sa maison. (Art. 6 de la Déclaration du 23 juin 1789.)

Le Roi veut que, pour assurer cette fixité des diverses dépenses de l'État, il lui soit indiqué, par les États-généraux, les dispositions propres à remplir ce but, et Sa Majesté les adoptera, si elles s'accordent avec la dignité royale et la célérité indispensable du service public. (Art. 7 de la Déclaration du 23 juin 1789.)

Le Roi, qui le premier n'avoit pas craint de rendre publics les comptes de son Administration des finances, et qui avoit montré la volonté que les comptes publics fussent établis comme une règle du Gouvernement, a été rendu, si cela est possible, encore plus étranger à ce département qu'aux autres, et les préventions, les jalousies et les récriminations contre le Gouvernement ont été encore plus répandues sur cet objet.

Le réglement des fonds, le recouvrement des impositions, la répartition entre les départemens, les récompenses pour les services rendus, tout a été ôté à l'inspection du Roi : il ne lui reste que quelques stériles nominations, et pas même la distribution de quelques gratifications pour secourir les indigens.

Le Roi connoît les difficultés de cette Administration; et, s'il étoit possible que la machine du Gouvernement pût aller sans sa surveillance directe sur la gestion des finances, Sa Majesté ne regretteroit que de ne pouvoir plus concourir par elle-même à établir un ordre stable qui pût faire parvenir à la diminution des impositions (objet qu'on sait bien que Sa Majesté a toujours vivement désiré, et qu'elle eût pu effectuer sans les dépenses de la guerre d'Amérique), et de n'avoir plus la distribution des secours pour le soulagement des malheureux. (Déclaration du 20 juin 1791.)

IX. Contributions indirectes.

Les États Généraux s'occuperont du projet conçu

depuis long-tems par Sa Majesté de porter les douanes aux frontières du royaume, afin que la plus parfaite liberté règne dans la circulation intérieure des marchandises nationales ou étrangères. (Art. 25 de la déclaration du 23 juin 1789).

Sa Majesté désire que les fàcheux effets de l'impôt sur le sel, et l'importance de ce revenu soient discutés soigneusement, et que dans toutes les suppositions, on propose au moins des moyens d'en adoucir la perception. (Art. 26 de la déclaration du 23 juin 1789).

..Sa Majesté veut aussi qu'on examine attentivement les avantages et les inconvéniens des droits d'aides et des autres impôts, mais sans perdre de vue la nécessité absolue d'assurer une exacte balance entre les revenus et les dépenses de l'État. (Art. 27 de la déclaration du 23 juin 1789).

X. *Armées de terre et de mer.*

Le Roi invite les États généraux à considérer le tirage de la milice sous tous ses rapports, et à s'occuper des moyens de concilier ce qui est dû à la défense de l'État avec les adoucissemens que Sa Majesté désire pouvoir procurer à ses sujets. (Art. 33 de la déclaration du 23 juin 1789).

Sa Majesté, après avoir appelé les États-généraux à s'occuper, de concert avec elle, des grands objets d'utilité publique, et de tout ce qui peut contribuer au bonheur de son peuple, déclare, de la manière la plus expresse, qu'elle veut conserver en son entier et sans la moindre atteinte, l'institution de l'armée, ainsi que toute autorité, police et pouvoir sur le militaire, tels que les Monarques français en ont constamment joui. (Art. 35 de la déclaration du 23 juin 1789.)

La disposition des forces militaires est, par les décrets, dans la main du Roi. Il a été déclaré chef suprême de l'armée et de la marine ; mais tout le travail de formation de ces deux armées a été fait par les comités de l'Assemblée, sans la participation du Roi ; tout, jusqu'au moindre réglement de discipline, a été fait par eux ; et s'il reste au Roi le tiers ou le quart des nominations, suivant les occasions, ce droit devient à peu près illusoire par les obstacles et les contrariétés sans nombre que chacun se permet contre le choix du Roi. On l'a vu être obligé de refaire tout le travail des officiers généraux de l'armée, parce que ces choix déplaisoient aux clubs. En cédant ainsi, Sa Majesté n'a pas voulu exposer d'honnêtes et braves militaires, et les exposer aux violences qui auroient surement été exercées contre eux, comme on n'en a vu que de trop fâcheux exemples. Les clubs, les corps administratifs se mêlent des détails intérieurs des troupes, qui doivent être absolument étrangers, même à ces derniers, qui n'ont que le droit de requérir la force publique, lorsqu'ils pensent qu'il y a lieu de l'employer

Ils se sont servis de ce droit, quelquefois même pour contrarier les disposisions du Gouvernement sur la distribution des troupes, de manière qu'il est arrivé plusieurs fois qu'elles ne se trouvoient pas où elles devoient être.

Ce n'est qu'aux clubs que l'on doit attribuer l'esprit de révolte contre les officiers et la discipline militaire, qui se répand dans beaucoup de régimens, et qui, si on n'y met ordre efficacement, sera la destruction de l'armée.

Que devient une armée quand elle n'a plus ni chefs ni discipline? Au lieu d'être la force et la sauvegarde d'un État, elle en devient alors la terreur et le fléau. Combien les soldats français, quand il auront les yeux dessillés, ne rougiront-ils pas de leur conduite, et ne prendront-ils pas en horreur ceux qui ont perverti le bon esprit de l'armée et de la marine française!

Funestes dispositions que celles qui ont encouragé les soldats et les marins à fréquenter les clubs!

Le Roi a toujours pensé que la loi doit être égale pour tous. Les officiers qui sont dans leurs torts doivent être punis; mais ils doivent l'être comme les subalternes, suivant les dispositions établies par les lois et réglemens.

Toutes les portes doivent être ouvertes pour que le mérite se montre et puisse avancer; tout le bien qu'on peut donner aux soldats est juste et nécessaire, mais il ne peut y avoir d'armée sans officiers et sans discipline, et il n'y en aura jamais tant que les soldats se croiront en droit de juger la conduite de leurs chefs. (Déclaration du 20 juin 1791.)

Conclusion.

L'amour pour ses Rois est une vertu du peuple Français, et Sa Majesté en a reçu personnellement des marques trop touchantes pour pouvoir jamais les oublier..........

Français, et vous surtout Parisiens, vous habitans d'une ville que les ancêtres de Sa Majesté se plaisoient à appeler la *bonne ville de Paris*, méfiez vous des suggestions et des mensonges de vos faux amis; revenez à votre Roi; il sera toujours votre père; votre meilleur ami : quel plaisir n'aura-t-il pas à oublier toutes ses injures personnelles, et de se revoir au milieu de vous, lorsqu'une constitution qu'il aura acceptée librement, fera que notre sainte religion sera respectée, que le Gouvernement sera établi sur un pied stable et utile pour son action, que les biens et l'état de chacun ne seront plus troublés, que les lois ne seront plus enfreintes impunément, et qu'enfin la liberté sera posée sur des bases fermes et inébranlables. (Déclaration du 20 juin 1791.)

FIN.